AF131758

I Wish Someone Were Waiting for Me Somewhere

· · · · · · · · · · · · · · · ·

ANNA GAVALDA

ANALIZA KSIĄŻKI

Napisany przez Marie Giraud-Claude-Lafontaine
Przetłumaczony przez Kâmil Kowalski

I Wish Someone Were Waiting for Me Somewhere

ANNA GAVALDA

MUST
READ

ANNA GAVALDA

FRANCUSKA PISARKA

- **Urodziła się w 1970 roku w Boulogne-Billancourt (Francja).**

- **Godne uwagi prace:**

  - *Ktoś, kogo kochałam* (2002), powieść

  - *95 funtów nadziei* (2002), powieść

  - *Hunting and Gathering* (2004), powieść

Anna Gavalda wychowała się w regionie Eure-et-Loir w północnej Francji i uzyskała tytuł magistra literatury na Uniwersytecie Sorbona w Paryżu. Jest rozwiedziona, ma dwoje dzieci, a jej kariera zawodowa była bardzo zróżnicowana: pracowała jako nauczycielka języka francuskiego, asystentka weterynarza i felietonistka w różnych okresach. W 1992 roku wygrała konkurs France Inter na najpiękniejszy list miłosny, a następnie rozpoczęła starania o publikację swoich prac, wygrywając również kilka konkursów na opowiadania. Jej pierwszym opublikowanym dziełem był zbiór opowiadań zatytułowany *I Wish Someone Were Waiting for Me Somewhere*, który został wydany w 1999 roku i zdobył Grand Prix RTL-Lire. To był dopiero początek bardzo udanej kariery pisarskiej, która doprowadziła nawet do tego, że dwie z jej powieści (*Someone I Loved*, 2002, oraz *Hunting and Gathering*, 2004) zostały zaadaptowane na filmy.

I WISH SOMEONE WERE WAITING FOR ME SOMEWHERE

ZMAGANIA Z CODZIENNOŚCIĄ

- **Gatunek:** zbiór opowiadań

- **Wydanie referencyjne:** Gavalda, A. (2003) *I Wish Someone Were Waiting for Me Somewhere*. Trans. Marker, K. L. New York: Penguin.

- **Pierwsze wydanie:** 1999

- **Tematyka:** miłość, życie codzienne, śmierć, nadzieja

Każde z 12 opowiadań w tym zbiorze przedstawia wycinek życia. Chociaż niektóre z nich są bardziej dynamiczne niż inne, wszystkie są głęboko poruszające i badają sposoby, w jakie nadzieja na szczęście może zostać zniweczona zarówno przez ogromną tragedię, jak i najbardziej przyziemne aspekty codziennego życia. Gavalda ma dar tworzenia postaci, które są zwykłymi ludźmi, żyjącymi normalnym życiem (choć nigdy nie są nudne), a następnie wyprowadza je ze strefy komfortu i kieruje w stronę niespodziewanego losu. W ten sposób jest w stanie przedstawić wrażliwą stronę człowieczeństwa w sposób, z którym czytelnicy mogą się głęboko utożsamić.

STRESZCZENIE

W tej części każde z 12 opowiadań zawartych w zbiorze zostało krótko podsumowane. Chociaż zbiór obejmuje szeroki zakres tematów, większość opowiadań skupia się na motywach miłości, życia codziennego lub kombinacji tych dwóch.

RYTUAŁY ZALOTÓW NA SAINT-GERMAIN-DES-PRÉS

Młoda kobieta przypadkowo spotyka czarującego mężczyznę na Boulevard Saint-Germain w Paryżu, a on zaprasza ją na kolację. Umawiają się na spotkanie w małej restauracji tego wieczoru i wszystko wydaje się iść doskonale, dopóki nie zadzwoni telefon mężczyzny. Jest na tyle uprzejmy, że ignoruje go w tym momencie, ale kiedy skończyli posiłek i wszystko wskazuje na to, że epicka historia miłosna właśnie się rozwija, mężczyzna ukradkiem zerka na swój telefon, by sprawdzić, kto do niego dzwonił. To zadaje silny cios dumie kobiety, a ona nie może przestać się zastanawiać, dlaczego on jest tak bardzo zainteresowany tą małą maszyną niż nią.

W CIĄŻY

Od momentu, gdy bohaterka tego opowiadania dowiaduje się, że jest w ciąży, nie jest w stanie myśleć o niczym innym niż o swoim przyszłym dziecku. W szóstym miesiącu ciąży udaje się na rutynowe badania lekarskie, podczas których lekarze odkrywają, że płód jest martwy, co oznacza, że będą musieli dokonać aborcji. Choć jest zdruzgotana tą wiadomością, wkrótce potem uczestniczy w weselu, gdzie nieznana jej kobieta podchodzi do niej z uśmiechem, kładzie dłonie na jej wciąż nabrzmiałym brzuchu i pyta "Mogę? Podobno to przynosi szczęście" (s. 30).

TEN MĘŻCZYZNA I TA KOBIETA

Bogate małżeństwo jedzie sportowym samochodem do swojego domu na wsi; ich życie wydaje się całkowicie idylliczne, ale oboje są pochłonięci własnymi myślami i nie zamieniają ani jednego słowa. Mężczyzna denerwuje się, bo płyn do wycieraczek nie działa prawidłowo, a potem jego myśli kierują się w stronę zgrabnej sekretarki, remontu, jaki przeprowadzili w wiejskim domu i niezdyscyplinowanych dozorców, którzy się nim opiekują. Tymczasem kobieta myśli o tym, że nigdy nie mogła mieć dzieci, i o ładnej garsonce, którą zobaczyła w witrynie sklepowej. Dla nich życie jest długie, bez miłości i nużące.

DOTYK OPLA

Marianne jest studentką na paryskim przedmieściu, a także pracuje na pół etatu w sklepie z ubraniami. Jest samotna, a jej życie zaczyna wydawać się nieco monotonne z powodu braku romansu. Pewnego wieczoru idzie do baru z przyjaciółmi i brak emocji w jej życiu zaczyna ją poważnie niepokoić. Podchodzi do niej niegrzeczny mężczyzna, który ciągle gapi się na jej piersi, co prowadzi ją do opuszczenia baru we łzach i zadzwonienia do siostry, która przyjeżdża po nią samochodem. Podczas gdy są na parkingu baru, widzą mężczyznę, którego kiedyś znali, a któremu nadali przydomek "Teflonowy Pan", ponieważ nigdy nie chciał się trzymać. Kiedy widzą, że jest on teraz dumnym właścicielem dostosowanego Opla Touch, oboje wybuchają śmiechem. Marianna zwierza się siostrze ze swojego przemożnego pragnienia miłości, na co siostra odpowiada: "No cóż, teraz jesteśmy na dnie" (s. 46).

AMBER

Popularny piosenkarz, który cały swój czas spędza na braniu narkotyków i przygodach na jedną noc, poznaje i zakochuje się w młodej fotografce Amber, która dołączyła do niego podczas trasy koncertowej, by robić mu zdjęcia na scenie. Po koncertach pokazuje mu zrobione przez siebie zdjęcia, na których widać tylko jego ręce:

> "*Moje ręce na strunach gitary, moje ręce wokół mikrofonu, [...] moje ręce trzymające papierosa, moje ręce dotykające twarzy, moje ręce rozdające autografy, moje ręce rozgorączkowane, moje ręce błagalne, moje ręce rzucające pocałunki, i moje ręce strzelające w górę też. Wielkie, cienkie dłonie z żyłami jak małe rzeki. [...] ,Wzięłam twoje ręce, bo to jedyna rzecz w tobie, która się nie rozpada'". (str. 56-57)*

ZOSTAW

Młody mężczyzna wraca do domu na przepustkę z wojska na swoje urodziny i spotyka się ze swoim bratem Marcem, którego osiągnięcia zawsze przyćmiewały jego własne, oraz Marie, dziewczyną Marca. W młodości wszyscy troje uczestniczyli we wspólnym kursie żeglarskim, a bohater doskonale pamięta wszystko o Marie, ponieważ jest w niej beznadziejnie zakochany. Gdy wieczór się przedłuża i wszyscy stają się coraz bardziej odurzeni, bracia wyzywają się nawzajem na grę w piłkarzyki, z tą różnicą, że kto wygra mecz, wygrywa też Marie. Marc wygrywa, a jego brat jest zrozpaczony. Marc zostaje w salonie i zamierza tam spać, ale później słyszy hałas: to Marie, ubrana tylko w papier do pakowania, która postanowiła być jego prezentem urodzinowym.

LEAD STORY

Dziewięć osób zginęło, a kilkadziesiąt zostało rannych w wypadku samochodowym spowodowanym przez mężczyznę cofającego na autostradzie, by wrócić do zjazdu, który przegapił. Mężczyzna ten jest również narratorem opowieści; jest żonaty i ma dzieci, a ze względu na swoją pracę zmuszony jest spędzać dużą część dnia w drodze. Kiedy uświadamia sobie, że to on był odpowiedzialny za wypadek, wyznaje wszystko żonie, która zabrania mu oddania się w ręce policji. Spędza noc na pisaniu o tym zdarzeniu, próbując oczyścić głowę i lepiej zrozumieć, co się stało.

CATGUT

Weteranka, która niedawno przeprowadziła się do wiejskiej części Normandii, codziennie musi zmagać się z seksizmem ze strony mieszkańców. Pewnej nocy otrzymuje telefon alarmowy, który okazuje się być oszustwem: czeka na nią grupa pijanych mężczyzn, którzy brutalnie gwałcą ją zbiorowo. Kiedy skończyli, usypia ich koktajlem ze śliwowicy i ketaminy, następnie kastruje ich po kolei, a jądra najbardziej agresywnego mężczyzny przeszczepia do skóry tuż nad jabłkiem Adama. Następnego dnia zostawia swoje psy u sąsiadki i czeka w domu na policję.

JUNIOR

Alexander Devermont, znany lepiej jako Junior, wiedzie uro-
kliwe życie osób urodzonych w luksusie. Latem, gdy kończy
20 lat, poznaje i zaprzyjaźnia się z Franckiem, którego ojciec
jest bogatym farmerem. Obaj zostają zaproszeni na przyjęcie
dla wszystkich najbogatszych młodych ludzi w okolicy, ale
nie posiadają samochodu, który uznaliby za odpowiedni na
tę okazję. Po długiej kłótni Franck w końcu przekonuje
Alexandra, by bez pozwolenia pożyczył Jaguara swojego
ojca. W drodze powrotnej z imprezy, obaj młodzi mężczyźni,
którzy są dość pijani, widzą na drodze ogromnego dzika.
Wierząc, że jest martwy, decydują się przynieść go do domu z
nimi i holować go na tylnym siedzeniu samochodu, ale dzik
był tylko nieprzytomny, i zaczyna wrak samochodu sporto-
wego, gdy budzi się. Franck wzywa straż pożarną, która
wkrótce przybywa na miejsce i używa bazooki, aby zabić
oszalałe zwierzę, niszcząc to, co zostało z Jaguara w procesie.
Historia ta prawdopodobnie trafi na pierwsze strony wszystkich lokalnych gazet, co będzie ogromnym ciosem dla ojca
Juniora, który jest zagorzałym zwolennikiem polowań i
wydawał się być na krawędzi ogromnego zwycięstwa prze-
ciwko Partii Zielonych, którzy chcą ustanowić park naturalny
w okolicy. W rzeczywistości może to być taka katastrofa, że
dwaj młodzi mężczyźni zaczynają postrzegać tlący się na
środku drogi wrak jako stosunkowo niewielki problem.

OD LAT

Mimo szczęśliwego małżeństwa, dwójki dzieci i udanej
kariery, mężczyznę w centrum tej historii od 26 lat prześladuje
wspomnienie kobiety, w której zakochał się beznadziejnie,

gdy był młodszy. Pewnego dnia otrzymuje od niej telefon, a ona mówi, że chce się z nim zobaczyć, bo nie pozostało jej wiele czasu. Spotykają się w złowrogim miasteczku i uświadamiają sobie, że oboje są nadal głęboko w sobie zakochani, ale jednocześnie ogarnia ich rozpacz, gdyż wiedzą, że ich miłość jest bezsilna w obliczu śmierci, która wkrótce ich rozerwie.

CLIC-CLAC

Olivier mieszka w mieszkaniu w Paryżu z dwiema siostrami i jest zauroczony swoją koleżanką Sarah Briot. Pewnego wieczoru Olivier i jego siostry organizują przyjęcie w swoim domu, kiedy jedna z sióstr zaczyna robić scenę po znalezieniu w jego pokoju bielizny, którą kupił w nadziei, że pewnego dnia będzie mógł ją podarować Sarze. Po pokazaniu bielizny wszystkim gościom, Olivier jest upokorzony i postanawia się wyprowadzić, a Sarah wkrótce potem przychodzi z wizytą. Kiedy siedzą razem na niedawno zakupionym przez Oliviera Clic-Clac, ten zaczyna myśleć o tym, że nie wie jak go rozłożyć i jak jego siostry dokuczałyby mu, gdyby mogły go teraz zobaczyć. Ta myśl wywołuje uśmiech na twarzy Oliviera, a Sarah wybiera ten moment, by go pocałować.

EPILOG

Aspirująca autorka składa swoje opowiadania do paryskiego wydawcy, który kilka miesięcy później zaprasza ją do siedziby wydawnictwa. Po przybyciu na miejsce dowiaduje się, że tak naprawdę chciał się z nią spotkać tylko z ciekawości i nie ma zamiaru publikować jej prac. Niedoszła pisarka jest tak zdruzgotana emocjami, że jej życie chwilowo się zatrzymuje, a wkrótce potem wraca do normy.

STUDIUM POSTACI

RYTUAŁY ZALOTÓW NA SAINT-GERMAIN-DES-PRÉS

Narratorką tego opowiadania jest młoda kobieta, której atrakcyjne rysy często zwracają uwagę: "Moje nogi są w przejściu. Są bardzo długie. Przejście jest wąskie, a moja spódnica bardzo krótka" (s. 7), a mężczyzna, którego spotyka w trakcie opowiadania, jest chwilowo rozkojarzony "miękkością [jej] biustu" (s. 9). Wydaje się być dość obyta w świecie i potrafi utrzymać się w ryzach, gdy bankietuje z mężczyzną na ulicy: "To trochę szybko, nie sądzisz?" (p. 3). Woli przesiadywać w barach, w których można grać, niż w turystycznych pułapkach w okolicy, w której mieszka. Ma również upodobanie do dobrego wina i potrafi na pierwszy rzut oka stwierdzić, czy dane ubranie będzie na nią pasować. Pod koniec opowiadania staje się jednak jasne, że jej cechą charakterystyczną jest duma i jest tego całkowicie świadoma: deklaruje nawet: "Nienawidzę swojej dumy" (s. 14).

W CIĄŻY

Bohaterką tej historii jest kobieta, która z radością odkrywa, że zaszła w ciążę z drugim dzieckiem. Jej życie natychmiast zaczyna się kręcić wokół myśli o przyszłym dziecku, ale jej świat rozpada się, gdy otrzymuje straszną wiadomość, że płód jest martwy. Mimo to wykazuje się wielką odwagą, zarówno w obliczu tej tragedii, jak i podczas ślubu, w którym uczestniczy niedługo potem, co komentuje jej lekarz: "Podziwiam pani opanowanie" (s. 29).

TEN MĘŻCZYZNA I TA KOBIETA

Tytułowego mężczyznę irytują najdrobniejsze szczegóły, takie jak podatek, który musi zapłacić za swój niebotycznie drogi samochód, niedziałający płyn do wycieraczek czy niedociągnięcia dozorców, którzy opiekują się jego wiejskim domem. W ten sposób pokazuje czytelnikowi, że nie potrafi już w niczym znaleźć przyjemności.

Tymczasem kobieta wyraźnie żyje w stanie wiecznej nudy: "w jej twarzy widać wszystkie rzeczy, z których zrezygnowała w życiu" (s. 33). Wie, że mąż jej nie kocha i jest załamana, że nigdy nie mogła mieć dzieci. W przeciwieństwie do męża, ona potrafi znaleźć przyjemność tylko w drobiazgach w życiu, jak na przykład wtedy, gdy myśli o wymyślnym garniturze, który niedawno widziała na wystawie sklepowej.

DOTYK OPLA

Marianna jest studentką prawa i już teraz obawia się życia, jakie będzie wiodła po ukończeniu studiów: "Lata i lata prawa cywilnego, prawa karnego, pakietów kursów, artykułów, paragrafów, tekstów prawnych, you name it. A wszystko po to, by zrobić karierę, która i tak już mnie nudzi" (s. 36). Nic nie jest bezpieczne od jej ostrego języka, a ona szkaluje Melun (miasto, w którym mieszka), swoich kolegów, znajomego, który opowiada bajki o jej pobycie w Stanach Zjednoczonych, i mężczyznę, który się do niej zbliża. Widać jednak, że nie kieruje nią rozpacz, ale raczej zapał do życia i pragnienie miłości.

AMBER

Jedna z połówek przyszłej pary w centrum tej historii jest znanym piosenkarzem, który spędza czas oddając się wszelkim możliwym przywarom, a w wieku 38 lat uświadamia sobie, że zmarnował swoje życie. Z natury jest dość małomówny, z trudem panuje nad własnymi emocjami i nigdy nie zawraca sobie głowy próbami zaimponowania ludziom: "Chciałem skręcić komuś kark, bo w środku wszystko się gotowało" (s. 53). Z drugiej strony nie przywiązuje wagi do bogactwa materialnego i darzy muzyków, z którymi pracuje, dużym szacunkiem, a nawet dzieli z nimi swój autobus koncertowy.

Tymczasem Amber jest młodym wolnym strzelcem i przyjaźni się z siostrą jednego z najlepszych przyjaciół piosenkarza. Ma skłonność do zacierania się w tle: "Wyglądała przepraszająco, chodząc na palcach" (s. 51). Traktuje piosenkarza jak normalnego człowieka, a nie międzynarodową gwiazdę, a jej szczerość i otwartość przekonują go do siebie, zwłaszcza gdy uśmiecha się do niego, nie oczekując niczego w zamian i zwraca się do niego grzecznie, mimo że większość ludzi rezygnuje z formalności w rozmowie z nim.

ZOSTAW

Dwaj bracia w tej historii to zupełne przeciwieństwa: starszemu, Marcowi, zawsze wszystko się udawało bez wysiłku, podczas gdy młodszy jest zupełnie niezauważalny. Warto jednak zaznaczyć, że cała historia jest przefiltrowana przez perspektywę młodszego brata i jego opinia o Marcu może nie być do końca obiektywna.

Marc jest wspaniałym kierowcą, ukończył służbę wojskową jako oficer, zdał egzamin inżynierski z wynikiem pozytywnym i zawsze dostaje wszystko, czego chce, od ulubionej kanapki w wagonie restauracyjnym po uśmiech ładnej kobiety. Zawsze potrafi powiedzieć, czy ktoś lub coś jest "hick" (s. 62); innymi słowy, ma bardzo wyrafinowany gust. Marie uważała jednak, że gdy byli młodzi, był "popisowy" (s. 72).

Obaj bracia nie wydają się być o siebie zazdrośni: w rzeczywistości Marie komentuje narratorowi: "Zawsze wstawiałeś się za swoim bratem" (*tamże*). Bohater kocha Marca i po prostu uważa, że ma on dar robienia rzeczy bez wysiłku. Jednak osobowość narratora stanowi wyraźny kontrast z osobowością jego brata, a ogolona głowa i buty bojowe sprawiają, że wygląda on jak żołnierz pieszy niskiej rangi. Właśnie ukończył studia zawodowe w wieku 23 lat i woli pracę fizyczną od nauki. Jest jednak również dość introspektywny i niemal filozoficzny: "ważne jest nie to, gdzie jesteś, ale to, w jakim stanie umysłu jesteś" (s. 62).

LEAD STORY

Główny bohater tego opowiadania jest przedstawicielem handlowym, mężem, ojcem i właścicielem domu, który wydaje się prowadzić wygodne, choć monotonne życie. Jego codzienne dojazdy są tak frustrujące, że w końcu popełnia fatalny błąd i cofa się na autostradzie, by móc zjechać ze zjazdu, który przegapił. Robiąc to, powoduje niszczycielski wypadek i zdaje sobie sprawę, że do końca życia będzie dręczony poczuciem winy za swoje czyny.

CATGUT

Weterynarz zbudowała sobie skromne, samotne życie na wsi. Jednak po brutalnym, zbiorowym gwałcie, używa swoich "wielkich rąk" (s. 96), by raczej ranić niż leczyć, i nie okazuje litości mężczyznom, którzy ją skrzywdzili. Wykazuje też niezwykłe opanowanie pod koniec opowiadania, kiedy mówi, że policja prawdopodobnie przyjdzie ją aresztować i że "ma tylko nadzieję, że nie użyją syreny" (s. 100).

JUNIOR

Alexander Devermont jest synem bogatego biznesmena i od zawsze prowadził uroklive życie: "Wychowany w próżni. Sto procent mydła w kostce i Colgate z fluorem, w koszulach gingham z krótkim rękawem i z dołeczkiem w brodzie" (s. 101). Latem po skończeniu 20 lat zaczyna w końcu odkrywać wszystkie niespodzianki, jakie szykuje dla niego życie.

OD LAT

Narrator tego opowiadania jest żonatym mężczyzną po czterdziestce, który bardzo kocha swoją żonę i dzieci. Ma za sobą bardzo udaną karierę, po części dzięki szczęściu, ale zawsze czuł, że jego szczęście jest niepełne, bo nigdy nie potrafił zapomnieć o swojej pierwszej miłości.

CLIC-CLAC

Głównym bohaterem tej historii jest Olivier, księgowy. Jest pragmatyczny, choć jego wrażliwość estetyczna nie jest szczególnie wyrafinowana, co szybko zauważa jedna z jego sióstr. Ma pewne obsesyjne skłonności, takie jak niechęć do łamania biscotti i dyskomfort w obliczu zmian, np. kiedy najmłodsza siostra wprowadza się do domu.

Sarah Briot jest jedną z koleżanek Oliviera. Uważa, że jest mądra, że dobrze rozumie mężczyzn i że jest tak szczera, że czasami może wydawać się niegrzeczna. Mówi też, że "nie jest piękna. Jest słodka, a to nie to samo. [...] Sarah Briot nie jest wulgarna – jest powabna" (s. 139-141). Zakochanie w niej Oliviera wywraca jego życie do góry nogami.

EPILOG

Chociaż Marguerite lubi pisać, nie podoba jej się fakt, że jej mąż ma skłonność do wykrzykiwania tego z dachów. Jej największym marzeniem jest wydanie swojej pracy, ale jej rękopis zostaje odrzucony podczas pierwszego spotkania z wydawcą. Po rozmowie oferuje go wspaniałej kobiecie, która nie mówi po francusku.

ANALIZA

GATUNEK OPOWIADANIA

Chociaż krótkie opowiadania były opowiadane od wieków, dopiero stosunkowo niedawno zaczęto je stopniowo klasyfikować jako samodzielny gatunek, zamiast zestawiać je z powieściami i baśniami. Krótkie opowiadania można ogólnie zdefiniować jako krótkie, szybkie, realistyczne narracje. Są podobne do powieści, ale mają mniej postaci i wątków: zamiast tego główny wątek jest punktem centralnym, a zakończenie jest zazwyczaj zaskakujące. Mogą być pisane z różnych perspektyw narracyjnych.

- Fabuła krótkiego opowiadania jest ograniczona na trzy sposoby: pod względem czasu (opowiadanie rozgrywa się w ciągu najwyżej kilku dni), przestrzeni (zawiera bardzo mało miejsc, zwykle tylko jedno) i akcji (można ją zwykle streścić jako jedno kluczowe wydarzenie w życiu głównego bohatera). Na przykład *Leave* jest relacją z urodzin głównego bohatera i opisuje, jak uświadamia on sobie, że jest zakochany w dziewczynie swojego brata, kiedy wraca do domu, aby to uczcić.

- Krótkie opowiadania mają też zwykle zaskakujące zakończenie. Na przykład w *Juniorze* czytelnik spodziewa się, że dojdzie do wypadku samochodowego, ale nigdy nie mógłby przypuszczać, że samochód zostanie zniszczony od środka przez wściekłego dzika. W tych okolicznościach bohater z dość nudnego staje się sympatycznym chłopcem, który wreszcie wyrwał się spod jarzma kontrolującego go ojca.

- W tym zbiorze zastosowano wiele różnych stylów narracji: *Courting Rituals of the Saint-Germain-des-Prés* jest napisany w pierwszej osobie, podczas gdy *Pregnant* wykorzystuje ograniczoną narrację trzecioosobową, a *This Man and This Woman* posiada wszechwiedzącego narratora trzecioosobowego. Niektóre opowiadania, takie jak *For Years*, mają nawet kilku narratorów, co pozwala czytelnikowi poznać różne postaci i spojrzeć na sytuację z różnych perspektyw.

KAWAŁEK ŻYCIA

List miłosny do codzienności

Bohaterowie *I Wish Someone Were Waiting for Me Somewhere* mogą być zwykłymi ludźmi, ale to nie czyni tych historii nudnymi czy nieciekawymi; wręcz przeciwnie, pozwala im dać czytelnikowi pewien wgląd w ludzką naturę. Wręcz przeciwnie, dzięki temu mogą dać czytelnikowi wgląd w ludzką naturę. Te historie odkrywają surową rzeczywistość, która często czai się pod najwspanialszymi fasadami, a w szczególności naszą tendencję do podążania za tłumem z obawy przed zachwianiem się, co często prowadzi do niezadowolenia i nudy. Życie wielu bohaterów odzwierciedla ich nawyk podporządkowywania się – wybierali nudne kierunki studiów, kończyli w miernych pracach lub bezmiłosnych związkach, a w rezultacie stawali się niewolnikami materializmu. Ten realizm ułatwia również czytelnikowi postawienie się w roli bohaterów i utożsamienie się z nimi i przeżywanymi przez nich sytuacjami, pozwalając mu wyobrazić sobie, że jest częścią tej historii.

Jednak Gavalda nie byłaby autorką bestsellerów, gdyby jedynie pisała o normalnym życiu ludzi. Zamiast tego wrzuca swoich bohaterów w tragiczne lub komiczne okoliczności, co pozwala jej nadać większą głębię ich osobowości, zmieniając każdą z postaci ze zwykłego stereotypu w niepowtarzalną jednostkę.

Gavalda opiera się przede wszystkim na dwóch elementach: humorze i miłości.

• Pragnienie kochania i bycia kochanym jest potężnym zasobem narracyjnym i pojawia się w prawie wszystkich opowiadaniach zawartych w tym zbiorze. Odzwierciedla to zresztą tytuł antologii, zaczerpnięty z opowiadania *Zostaw*: "Chciałbym, żeby ktoś gdzieś na mnie czekał. Czy to tak wiele, by prosić?" (p. 64). Ponadto w *Epilogu* aspirująca powieściopisarka zauważa, że większość jej twórczości skupia się na miłości.

• Miłość często popycha bohaterów do wyrwania się z normalnego życia, wąskiego światopoglądu czy samotności, np. w *"Dotyku Opla"*, *"Bursztynie"* czy *"Clic-Clac"*.

• Humor w tych opowiadaniach bierze się z bystrej obserwacji przez bohaterów otaczającego ich świata, co widać w *Rytuałach zalotów na Saint-Germain-des-Prés*, *Dotyku Opla*, *Odejściu* i *Epilogu*. Ich przenikliwa samoświadomość pozwala im cofnąć się o krok od własnego życia i skomentować je, co często wyraża się poprzez uwagi w nawiasie "No nie, tylko teraz nie jestem już na rue Eugene-Gonon (mam przecież swoją godność)" (s. 38).

ŻYWY, WNIKLIWY STYL

Styl pisarski Gavaldy jest na przemian delikatny i mocny; jest też bardzo bezpośredni, co sprawia, że jej bohaterowie wydają się jeszcze bardziej realistyczni, a częste odwoływanie się do literatury świadczy o świadomości charakteru jej własnego warsztatu.

- **Realizm:** każde z opowiadań rozpoczyna się *in medias res, co* oznacza, że czytelnik jest zanurzony bezpośrednio w akcji. Oznacza to, że musi on wykorzystać elementy zawarte w opowiadaniu, aby zrekonstruować ogólną sytuację i wywnioskować, co się dzieje.

- **Rejestr nieformalny:** narracja i dialogi są konsekwentnie wypełnione slangiem i nieformalnymi zwrotami, co nadaje emocjom i procesom myślowym bohaterów wiele niuansów. Pisarz często używa też przekleństw i wtrąceń, a także nieformalnej interpunkcji, takiej jak elipsy i wykrzykniki.

- **Nawiązania literackie:** w szczególności opowiadania *Rytuały zalotów w Saint-Germain-des-Prés* i *Epilog* nawiązują do dwóch ważnych francuskich pisarek, czyli odpowiednio Françoise Sagan (1935-2004) i Marguerite Duras (1914-1996). Ponadto w *Epilogu* narrator czyni aluzję do *Atala* (1801), powieści François-René de Chateaubrianda (francuski pisarz, 1768-1848). Tymczasem młoda kobieta z pociągu w *Lecie* czyta książkę o mrówkach, przypuszczalnie autorstwa Bernarda Werbera (pisarz francuski, ur. 1961). Odniesienia te dodają tekstowi smaku i zdają się zarówno pomagać, jak i przeszkadzać książce w roszczeniu sobie prawa do miejsca w historii literatury: poprzez zwykłe odniesienie do klasyków literackich Gavalda jest w

stanie powiązać z nimi swoją własną twórczość, a jednocześnie odróżnić je od siebie. Jakby Gavalda była świadoma, że jej opowiadania same nie staną się klasykami,
ale mimo to jest zdeterminowana, by jej praca wyróżniała
się z tłumu. Co więcej, *Courting Rituals of the Saint-
Germain-des-Prés*, pierwsze opowiadanie w zbiorze,
wyraźnie pokazuje, że pisarstwo Gavaldy należy zaliczyć
do literatury, której czytanie i pisanie sprawia przyjemność: "Kochasz ten rodzaj sentymentalnego puchu [...]
Wiem, że go kochasz. To zupełnie normalne. Mimo to nie
można czytać romansów Harlequina, siedząc w Café Lipp
czy Deux Magots" (s. 1-2).

DALSZA REFLEKSJA

KILKA PYTAŃ DO PRZEMYŚLENIA...

- Wydawca Olivier Cohen podobno zapytał kiedyś Annę Gavaldę: "Czy rzeczy, które pani pisze, nie są trochę zwyczajne?", na co ona podobno odpowiedziała: "Mam talent do prostoty". Wyjaśnij odpowiedź autorki, wykorzystując ten zbiór do uzasadnienia swojej odpowiedzi.

- Co sprawia, że przedstawienia bohaterów tych historii są tak ludzkie?

- Które części kolekcji świadczą o tym, że Gavalda ma talent obserwacyjny?

- Które z opowiadań w zbiorze jest Twoim ulubionym? Dlaczego?

- Które z opowiadań w zbiorze jest Twoim najmniej ulubionym? Dlaczego?

- Z którą postacią najbardziej się utożsamiasz? Dlaczego?

- Dwie z powieści Gavaldy zostały zaadaptowane na filmy. Czy uważasz, że te opowiadania również mogłyby zostać zaadaptowane w ten sposób? Dlaczego lub dlaczego nie?

- Jakie są cechy definiujące bestseller? Czy mają one zastosowanie w książce *I Wish Someone Were Waiting for Me Somewhere*?

- Niektórzy krytycy określają literaturę romansową jako "soppy" z powodu często występujących w niej stereotypowych środków narracyjnych i stylistycznych. Dlaczego? Jakie jest Twoje zdanie na ten temat? Czy zgadzasz się z tym?

- "Miłość jest naszym mieczem, humor jest naszą tarczą". Skomentuj ten cytat z powieści Bernarda Werbera *"L'Empire des Anges"* (2000, "Imperium Aniołów") i omów, jak odnosi się on do tego zbioru.

DALSZE CZYTANIE

WYDANIE REFERENCYJNE

Gavalda, A. (2003) *I Wish Someone Were Waiting for Me Somewhere*. Trans. Marker, K. L. New York: Penguin.

BADANIA REFERENCYJNE

Jourde, P. i Naulleau, E. (2004) *Le Jourde & Naulleau : Précis de littérature du XXIe siècle, pour un pastiche, c'est du brutal !* Paris: Mots & cie.

Peras, D. (2008) Anna Gavalda, la discrète. *L'Express*. [Online]. [dostęp 9 maja 2018]. Dostępny w: <http://www.lexpress.fr/culture/livre/anna-gavalda-la-discrete_813789.html>.

Chcemy usłyszeć od Ciebie, co się dzieje!
Zostaw komentarz na temat swojej internetowej biblioteki
i podziel się swoimi ulubionymi książkami w mediach społecznościowych!

www.50minutes.com

Master ISBN: 9782808693837
Papierowy ISBN: 9782808615235
Depozyt prawny: D/2023/12603/1803

Verhaal: © Primento

Projekt cyfrowy: Primento, cyfrowy partner wydawców.